लिखी हुई ख़ामोशियाँ

कुछ एहसास जो कहना मुश्किल था

Rani Kumari

BookLeaf Publishing
India | USA | UK

Made with ❤ on the BookLeaf Publishing Platform
www.bookleafpub.in
www.bookleafpub.com

Dedication

उन सभी खामोशियों के नाम,
जिन्होंने मुझे मैं बनाया,
जिन्होंने मुझे लिखना सिखाया,
और जिन्होंने मुझे ज़िंदगी से रू-बरू कराया।

Preface

कभी-कभी ज़िंदगी में हम बोलने की जगह चुप रहना चुन लेते हैं और कभी कभी ज़िंदगी हमे बोलने का मौका नहीं देती।

उन्हीं पलों में, जब शब्द बाहर नहीं आ पाए, कलम ने मन की आवाज़ को काग़ज़ पर उतार दिया। यह किताब उन्हीं पलों का परिणाम है – उन एहसासों की कहानी है, जिन्हें बयां करना ज़रूरी तो था लेकिन आसान नहीं।

मैंने ये कविताएँ ये सोचकर नहीं लिखी थी की कभी किताब लिखूंगी । ये तो मेरी अपनी डायरी के पन्ने थे – धीरे-धीरे, समय के साथ, एहसास बढ़ते गए और पन्ने जुड़ते गये। आज उन्हें एक किताब का रूप देने मे मैं थोड डऱी हुई हूँ और उत्साहित भी हूँ की, मैं अपनी बात आपलोगों तक पंहुचा रही हूँ।

अगर आप इन पन्नों में कहीं खुद को पा लें,
अगर कोई पंक्ति आपको थाम ले
तो समझिए, मेरी खामोशी ने आपसे बात कर ली।

Acknowledgements

इस किताब के लिए मैं सबसे पहले आभारी हूँ उन खामोश पलों की
—
जिन्होंने मुझे लिखना सिखाया।

उन अनुभवों की, जिन्होंने मुझे तोड़ा भी, और गढ़ा भी।
उन भावनाओं की, जो कभी अव्यवस्थित रहीं, लेकिन हमेशा सच्ची रहीं।

मेरे परिवार का आभार, जिन्होंने मुझे वही रहने दिया जो मैं हूँ।
एक इन्सान के रूप में, एक औरत के रूप में, और एक लिखने वाली आत्मा के रूप में।

और अंत में —
उन सभी पाठकों के लिए, जो इस किताब को हाथ में लेकर
अपनी ही किसी अनकही बात से जुड़ पाएँगे।

1. क्या वो तुम हो?

इन बहती सर्द हवाओं में
जो गरम हवा का झोंका है,
क्या वो तुम हो?

इस तपती तेज दुपहरी में,
इक पीपल की जो छाँव है,
क्या वो तुम हो?

क्या तुम हो वहाँ पर आज भी,
जिस मोड़ पे राहें अलग हुईं?
क्या अब भी वहीं खड़े होकर
तारों से बातें करते हो?

क्या अब भी मुझसे मिलने को
तुम मीलों चले आओगे?
क्या अब भी मेरी ख़ुशियों पे
तुम अपने ख़्वाब लुटाओगे?

इन ख़्वाबों और हक़ीक़त के बीच में

जो राहत है,
क्या वो तुम हो?

2. अस्तित्व

शून्य से आरम्भ है,
शून्य पर ही अंत,
न जाने क्यों बीच में
संख्याएँ हैं अनंत।

सब भाग रहे हैं
अपनी-अपनी गिनतियों के पीछे,
कोई दस कदम पर छूट गया,
कोई मीलों साथ चले पीछे।

शुन्य से आरम्भ है,
शुन्य पर हीं अंत,
बीच की हर यात्रा,
शंख्याओं का है भ्रम।

अब वक़्त है
हरजाने की कतार में आ जाने का,
अब वक़्त है
एक बार फिर
शून्य में मिल जाने का।

3. यहीं तक

जो आ गए हो ख़्वाबों में,
तो ख़्वाबों में ही रह जाना,
अगर सामने आ गए
तो उम्मीदें
बढ़ जाएँगी मेरी।

ये जो है तुम्हारे–हमारे बीच,
इसे इसी मोड़ पर छोड़ दो,
यहाँ उम्मीदें हद मे हैं,
और चाहतें अपने शिखर पर।

डर है कि अगर आगे बढ़े,
तो रास्ता ही खो देंगे,
देखा है हमने ख़्वाबों को
हक़ीक़त में मिटते हुए।

तुम यहीं रह जाओ,
मेरी पलकों तले
सिमटे हुए।

4. अधूरा

ये पल अधूरा है,
कुछ लम्हे अधूरे हैं।

धुंधला पड़ा है सूरज,
चाँद पर जैसे कोहराम है।
ढलते हुए दिन की
कुछ घड़ियाँ अधूरी हैं,
ढलती हुई रात के
कुछ पहलू अधूरे हैं।
ये पल अधूरा है,
कुछ लम्हे अधूरे हैं।

झुकी हुई पलकों के
कुछ सपने अधूरे हैं,
खुली हुई आँखों के
कुछ अरमान अधूरे हैं।
शिथिल हुए अधरों के
कुछ लफ़्ज़ अधूरे हैं,
बोलते हुए होंठों की
कुछ बातें अधूरी हैं।

ये पल अधूरा है,
कुछ लम्हे अधूरे हैं।

टूट गईं तस्वीरें
या आइना ही अधूरा है,
मेरी किताब के पन्नों की
कुछ पंक्तियाँ अधूरी हैं।
ये पल अधूरा है,
कुछ लम्हे अधूरे हैं।

Author's Note-
कभी-कभी कुछ खोने के बाद ऐसा लगता है
जैसे हमने सब कुछ खो दिया हो।
यह कविता भी उसी वक़्त लिखी गई थी,
जब मैंने कुछ खोया था।
यह किसी बड़े सच की घोषणा नहीं है,
बस उन पलों का एहसास है

5. कविताओं का शहर

मैं किताबों सी नहीं,
किताबों का घर हूँ मैं,
जो समझ गए तो शायरी,
ना समझे तो ग़ज़ल हूँ मैं।

कभी आना फुर्सत में
तो कुछ पंक्तियाँ और भी पढ़ लेना,
मैं चंद शायरी सी नहीं,
कविताओं का शहर हूँ मैं।

हर पन्ना मेरे भीतर
अपनी एक कहानी रखता है,
हर स्याही मेरी बातों को
काग़ज़ पर लिखता रहता है।

मैं बोल नहीं सकती,
मुझे पढ़ना पड़ता है,
मेरे जज़्बात समझने के लिए
थोड़ा ठहरना पड़ता है।

जब रुकना होगा
तब आना मुझमें खोने के लिए,
बस शब्दों का संग्रह नहीं,
अनुभवों का संकलन हूँ मैं।

6. सुख का भ्रम

उम्मीदों का आसरा छूटने लगा है,
कौन अपना, कौन पराया
ये भ्रम भी अब टूटने लगा है।

जो चाहो वो न मिले तो दुख होता है,
सब कुछ पाकर भी
कहाँ सुख होता है?

ये सुख भी कोई भ्रम है शायद,
जो समझ गए तो सुखी,
और न समझे तो
सिर्फ़ दुख होता है।

अब कुछ न चाहने का अभ्यास कर रही हूँ,
जो मिला है
उसे स्वीकारने का प्रयास कर रही हूँ।

कुछ छूट जाए अगर पीछे,
तो फिर से शुरू करने की
शुरुआत कर रही हूँ।

सुख और दुख को
जीवन का पहलू मानकर,
अपने कर्तव्यों का
निर्वाह कर रही हूँ।

7. फोन पर सब ठीक है

अब अपने मन की बात
हम कहाँ बता पाते हैं,
वो भी फोन पर
दिल का हाल
कहाँ समझ पाते हैं।

वो पूछते हैं हमसे –
कैसे हो?
तो हम
"ठीक हैं" ही बताते हैं।
अब बड़े जो हो गए हैं,
अपने ज़ख़्म
ख़ुद ही सहलाते हैं।

वो भी फोन पर
हमारी चोट
कहाँ देख पाते हैं।
अब अपने मन का हाल
हम
ख़ुद ही को बताते हैं।

कुछ बातें
शब्दों से आगे होती हैं,
कुछ दर्द
आवाज़ से बाहर।

शब्दों और आवाज़ों के बीच
की बातों ने
कहा है हमसे
कि वो भी
अपने ग़म
हमसे छुपाते हैं।

अब अपने दिल का हाल
हम ख़ुद ही को बताते हैं।

शायद
बातें करने से ही
दोनों के ज़ख़्म
भर जाते हैं,
तभी तो
चोट लगने पर
हम
उन्हें फोन लगाते हैं।

8. क्या तुम फिर भी मुझे चाहोगे?

अगर मैं ज़रा सी बदल जाऊँ,
क्या तुम फिर भी मुझे चाहोगे?

तुम हाँ कहो,
मैं ना कर दूँ,
क्या तुम फिर भी मुझे चाहोगे?

तुम्हारे दायरे से परे
अगर मैं
ख़ुद के दायरे बना लूँ,
क्या तुम फिर भी मुझे चाहोगे?

तुम्हारी ख्वाहिशों से अलग
अगर
ख़ुद के सपने सजा लूँ,
क्या तुम फिर भी मुझे चाहोगे?

आसान नहीं होता
हदों के पार
किसी को चाहना,

क्या तुम मेरे लिए
अपनी हदों के दायरे
बढ़ा लोगे?

तुम हाँ कहो,
मैं ना कर दूँ,
क्या तुम
फिर भी मुझे चाहोगे?

9. फिर क्यों बादल को प्यास है?

बादल क्यों गरजता है?
क्यों ज़मीन पर बरसता है?
वो तो आसमान की शान है,
ऋतुराज की पहचान है।
फिर क्यों
बेचैन है वो
पानी बन घुल जाने को,
सागर में मिल जाने को,
जबकि चाँद
उसके पास है?
बादल के आगोश में ही
चाँद का निवास है,
फिर क्यों
बादल को प्यास है?
क्या चाँद से भी आगे
किसी और
आशियाँ की तलाश है?
फिर क्यों
बादल को प्यास है?

शायद बादल का प्यासा होना ही
उसके होने का प्रमाण है,
उसकी तलाश और उसकी बेचैनियाँ ही
अंत का निर्माण हैं।

Author's Note

इस कविता में *बादल* उस मन का प्रतीक है,
जिसके पास सब कुछ होते हुए भी
कुछ और तलाशता रहता है।
चाँद प्रेम और सुकून का प्रतीक है,
और *सागर* अंत या मुक्ति का।

10. मिट जाने की लय

आज सागर से मिलने
नदी जा रही,
तोड़ पर्वतों के पहरे
बढ़ती जा रही।

प्यास होठों पर लेके
डरी जा रही,
फिर से मिलने की धुन में
चली जा रही।

तेज़ गिरती हुई
पर्वतों से नदी,
अपने मन के अनल से
जली जा रही।
कई लहरें
बदन पर लपेटे हुए,
प्यास गहरी
ज़ेहन में
समेटे हुए।
प्यास बुझने की

कोई तमन्ना नहीं,
मिट जाने की
लय में
चली जा रही।
आज सागर से मिलने
नदी जा रही।

प्यास सागर को भी
आज ऐसी लगी,
दूर पल भर भी
सरिता से
रह न सका।
लाख पहरे लगे,
सरहदें भी बनीं,
फिर भी इनका
ये संगम
टल न सका।

11. ज़रूरी था

मैंने अपनी डायरी से भी
कुछ पन्ने फाड़ निकाले हैं,
आसान नहीं था
मेरा मैं बन जाना,
आसान नहीं था
मेरा यूँ बदल जाना।

मैंने खोया है
खुद को कई दफ़ा इस सफ़र में,
कभी उनकी दुनिया में
शरीफ़ हो जाने के लिए,
तो कभी
उनका बन जाने के लिए।

आसान नहीं था
मेरा मैं हो जाना,
आसान नहीं था
मेरा यूँ बदल जाना।

मैंने रोया है

कई दफ़ा,
कंधों पर खुद के
सबसे आँसू
और सिसकियाँ
छुपाए हुए।

आसान नहीं था
मेरा मुझमें सिमट जाना,
आसान नहीं था
मेरा यूँ बदल जाना।
पर ज़रूरी था
मेरा मैं बन जाना।

12. तुम थे कभी

शिकायतों का सिलसिला
जब शुरू हुआ था,
तब भी
कुछ उम्मीदें बाकी थीं मुझमें।

मैंने कहा,
तुमने सुना नहीं।
मैंने चाहा,
तुमने चाहा नहीं।
मैंने देखा,
तुम्हें दिखा नहीं।

अब मैं
परे हूँ उस ख़याल से,
जिस सोच में
तुमको रखती थी।
अब न चाहत बची,
न शिकायत है कोई।

अब असर है

तो बस इतना—
कि तुम थे कभी,
और मैं
आज भी हूँ।

13. मैं उस शहर का परिंदा हूँ

मैं उस शहर का परिंदा हूँ
जहाँ फूल निराले खिलते हैं।
कुछ फूलों से सजी
कतारें हैं,
तो कुछ काँटे भी
नरम से हैं।

मैं उस शहर का परिंदा हूँ
जहाँ फूल निराले खिलते हैं।
कहीं हवाएँ हैं
गरम,
तो कहीं धूप भी
नरम सी है।
कहीं शोर में है
ख़ामोशी,
तो कहीं सन्नाटे भी
जगते हैं।

मैं उस शहर का परिंदा हूँ
जहाँ फूल निराले खिलते हैं।

कुछ लोग भीड़ में
तन्हा हैं,
कुछ तन्हा-तन्हा
चलते हैं।

मैं उस शहर का परिंदा हूँ
जहाँ फूल निराले खिलते हैं।

Author's Note

यह कविता किसी जगह की नहीं,
एक मनःस्थिति की है।
यह वह शहर है जहाँ विरोधाभास साथ रहते हैं–
नरमी और काँटे, शोर और ख़ामोशी,
भीड़ और तन्हाई।
मैं उसी शहर का परिंदा हूँ–
जो इन सबके बीच
अपनी उड़ान पहचानता है।

14. एक बार फिर

एक बार फिर
मुझको
मैं से मिला दो।
सीख लिया मैंने
संभल-संभल कर चलना,
रास्तों में भी
बस मंज़िल की
परवाह थी।
अब उन्हीं रास्तों पर
एक बार फिर
मुझको चला दो।
एक बार फिर
मुझको
मैं से मिला दो।

छोटी-छोटी बातों पर
हँसना सिखा दो,
बेवजह
रातों को
जगना सिखा दो।

टेढ़े-मेढ़े रास्तों पर
चलना सिखा दो,
थक जाएँ अगर
तो रुकना
सिखा दो।
मेरे भीतर
सोई हुई
मैं को
जगा दो।
एक बार फिर
मुझको
अल्हड़ बना दो।
एक बार फिर
मुझको
मैं से मिला दो।

Author's Note

ज़िंदगी में जो चाहा,
जिस जैसा बनना चाहा–
सब देख लिया,
सब जी लिया।
जो मिला, उसे अपनाया,
जो नहीं मिला,
उसे भी छोड़ दिया।
अब किसी और जैसा नहीं,

मुझे बस
मेरे जैसा हो जाना है।

15. फिर से नादानियाँ

अच्छा था
जो नादान थे हम,
कभी ख़ुद
बहल जाते थे,
कभी लोग
बहला जाते थे।

अब
ख़ुद की बेवकूफ़ियाँ
समझने लगी हूँ,
लोगों की
जटिलता
पहचान लेती हूँ।
छोटी-मोटी बातों पर
ख़ुश नहीं होती,
तारीफ़ों के दरिया में
बहती नहीं।

ख़ुद की खामियों में
गोते लगाने लगी हूँ,

पाप और पुण्य की
डुबकियाँ
लगाने लगी हूँ।

अब
समझ के परे भी
एक और समझ
रखती हूँ,
कुछ टेढ़े-मेढ़े रास्तों पर
फिर से
क़दम रखती हूँ।

जो बीत गया
उसे भुलाने लगी हूँ,
मैं
फिर से
नादानियाँ
दोहराने लगी हूँ।

Author's Note

समझ आ जाना अंत नहीं होता,
कभी-कभी वही शुरुआत होती है।

16. पलकों तले ढलती रात

कतरा-कतरा
आसमान से
चाँद ढलते देखा है,
आज मैंने
पलकों तले
रात ढलते देखा है।

ठहरे हुए आसमान पर
जलता हुआ चाँद,
खुली हुई पलकों तले
ढलती हुई रात।
न बादल,
न बिजली,
न आहट,
न इंतज़ार—
पलकों से टकराकर
बस ढलती रही रात।

वो जगती हुई रात,
वो चहकती हुई रात,

वो खुशबुओं में लिपटी
महकती हुई रात।

मैंने
रात और दिन का
मिलाप होते देखा है,
आज मैंने
पलकों तले
रात ढलते देखा है।

19. आज़ाद कहलाती हूँ

अपनी आज़ादी का
जश्न कैसे मनाऊँ मैं?
मैं भी आज़ाद हूँ–
ये ख़ुद को
कैसे समझाऊँ मैं?

डर लगता है
जब शाम ढल जाती है,
घर महफ़ूज़ पहुँचने की
चिंताएँ बहुत सताती हैं।

उड़ना है मुझे भी
परिंदे की तरह,
पर काट न ले
मेरा कोई–
ये सोचकर
मैं घबराती हूँ।

बंद हूँ मैं

पिंजरे में,
आज़ाद कहलाती हूँ।

18.

17. तुम्हारे रहते

अभी नादानियाँ बाकी हैं मुझमें,
मेरे हिस्से की सावधानियाँ
वही कर लेता है।

अभी बेपरवाहियाँ बाकी हैं मुझमें,
मेरे हिस्से की परवाह
वही कर लेता है।

वो मुकम्मल सा,
मैं ख़्वाबों सी—
वो ज़मीन पर चलता है,
मैं आसमान में उड़ती हूँ।

वो समंदर सा,
मैं लहरों सी—
वो तूफ़ान संभाल लेता है,
मैं किनारों पर मचलती हूँ।

वो पर्वतों सा,
मैं झरनों सी—

वो धूप में जलता रहता है,
मैं सीतलता में बहती हूँ।

वो काग़ज़ सा,
मैं स्याही सी—
वो एक रंग में रहता है,
मैं रंग बदलती रहती हूँ।

अभी कहानियाँ बाकी हैं मुझमें,
मेरी कहानियों को
आकार वही दे देता है।

तुम्हारे नाम-
मैं गिर सकती हूँ
क्योंकि तुम्हें थामना आता है,
मैं उड़ सकती हूँ
क्योंकि तुम्हें संभालना आता है।

18. नारी

ए नारी,
तुम ममता
तुम शक्ति
तुम सम्मान हो।
फिर क्यों परेशान हो?
इन व्यथाओं के पीछे

तुम थीं,
तुम हो,
और रहोगी सदा-
हर कथाओं के
पीछे।

यह धरती,
यह बादल,
यह आसमान
तुम्हारा भी
तो है।

तुम चलो, जहाँ तक जा सको,

स्वर्ण अक्षरों में लिखा नाम
तुम्हारा भी तो है।

21. इतिहास हूँ मैं

कुछ लोग बस किरदार नहीं होते,
वे कहानियों की दिशा बदल जाते हैं।

कभी अपनी कहानी,
कभी तुम्हारी कहानियों का
सार हूँ मैं।

तुम्हारी कविताओं का
शीर्षक,
तो ख़ुद का
उपन्यास हूँ मैं।

तुम लिखोगे
अपनी कहानियों में
मुझे
एक पात्र की तरह,
अपने जीवन में निभाया हुआ
हर एक
किरदार हूँ मैं।

जब दोहराने लगेंगे
सभी
कहानियाँ
मेरी,
तो समझ लेना—
इतिहास
हूँ मैं।

कभी अपनी कहानी,
कभी तुम्हारी कहानियों का
सार हूँ मैं।

20. क्या तुम डरते हो?

मैं खुश हूँ
कि यहाँ पैदा हुई हूँ मैं,
लेकिन चिंतित हूँ
क्योंकि यहाँ
महफ़ूज़ नहीं हूँ मैं।

क्या डरते हो तुम भी
कभी बाहर जाने से पहले?
नहीं न?

मैं डरती हूँ
उन निगाहों से,
जिनके लिए
सिर्फ़ एक सामान हूँ मैं।

मेरा अनुरोध है
इस देश के क़ानून से–
कि एक डर
तुममें भी जगाए,
ये निगाहें

मेरी तरफ़ उठाने से पहले।

इन आँखों में
ख़ौफ़ के आँसू आ जाएँ,
इस डर का फासला
तुम्हारे और हमारे
बीच में है।

एक बार
इसे मिटा दो,
फिर देखना—
हम और तुम
कहीं दूर नहीं,
बराबर चल पाएँगे।

Author's Note- "यह कविता उस डर की आवाज़ है, जो स्त्रियाँ रोज़ चुपचाप जीती हैं।"

22. मुखौटे

कुछ सच्चाइयाँ शोर नहीं करतीं,
बस भरोसा तोड़ देती हैं।

वो पूछ रहे थे हमसे,
तुम्हें कौन से जानवर
पसंद आते हैं।

काश उन्हें बता पाते–
हमें इंसान भी
कम ही भाते हैं।

इंसान हो या जानवर,
हमें
एक से
नज़र आते हैं।

फर्क बस इतना है कि
जानवर
मुखौटे नहीं लगाता है,
और इंसान

हर जगह
अपना नया रंग
दिखलाता है।

23. किताबी रिश्ते

हम रिश्ते नहीं खोजते,
हम परिभाषाएँ खोजते रहते हैं।

किताबों में लिखे रिश्ते
हक़ीक़त में
कहाँ मिल पाते हैं।
ये किताबें भी
अजीब हैं–

कभी
क़ाबिल,
तो कभी
बुद्धू बनाते हैं।

इन रिश्तों की
परिभाषाएँ
सब
एक ही लय में
लिखते हैं।

हम
जन्म से लेकर
मृत्यु तक
वो रिश्ता
ढूंढते
फिरते हैं।

काश
किताबों से आगे
रिश्तों में रिश्ता
पढ़ पाता मैं,
उन मायूस
निगाहों के
मन की व्यथा
समझ पाता मैं।

24. हक़ है

बराबरी माँग नहीं होती,
पहचान होती है।

ना पराया धन,
ना किसी की
जायदाद हूँ मैं—
तुम्हारे ही तरह
सिर्फ़
एक इंसान हूँ मैं।

हक़ है मुझे भी
घर
अपना बनाने का।

हक़ है मुझे भी
हँसने का,
गुनगुनाने का।

हक़ है मुझे भी
बेख़ौफ़

बाहर जाने का।

ये हक़
मेरा अधिकार है,
तुम्हारा
एहसान नहीं।
मैं तुमसे
थोड़ी अलग हूँ
तो क्या–
मैं इंसान नहीं?

25. उम्मीद का दिया

उम्मीद भाषणों से नहीं,
कर्मों से जिंदा रहती है।

मैं उम्मीद रख लेती
कि सब कुछ बदल जाएगा,
अगर तुमने
उम्मीद का एक दिया
जलाया होता।

मैं मान लेती
कि तुम सोच रहे हो
कुछ मेरे लिए भी,
अगर मेरे साथ
दरिंदगी करने वाले को
माफ़ करके
तुमने मेरे साथ
नाइंसाफ़ी
न की होती।

मैं कैसे मान लूँ

कि विश्वगुरु
बन जाओगे तुम,
जब प्राथमिक शिक्षा का
हक़ भी
तुम मिटा रहे हो।

मैं थी
सोने की चिड़िया,
अब वो सोना भी
तुम बस
चंद लोगों पर
लुटा रहे हो।

मेरे पर्वत,
पहाड़ और नदियाँ
न जाने क्यों
तुम मिटा रहे हो।

मैं कैसे
उम्मीद रख लूँ
कि सब बदल जाएगा,
जब तुम
उम्मीद का
हर दिया
बुझा रहे हो।

26. मैं धागा हूँ

ये मोतियाँ
जो बिखेर दिए हैं
तुमने–
मैं इन्हें
कैसे
गूंथ पाऊँगा?

मैं धागा हूँ,
अगर खींचोगे
मुझे,
तो मैं भी
टूट जाऊँगा।

आवाज़ तो
हुई होगी
जब बिखेरे थे
तुमने
ये मोतियाँ–
कुछ छन्न से
बिखरने की,

कुछ टक से
टूटने की।

अगर इन्हें
समेट लिया होता
तुमने,
तो आज
मुझ धागे पर
टूट जाने का
इल्ज़ाम
न होता।

मैंने तो
चाहा भी नहीं था
इन मालाओं का
आकार
धरना।

ये फूल,
ये मोती
मुझ में
पिरोए गए हैं।

इस बोझ के तले
अब मैं
घुटने लगा हूँ।

मैं धागा हूँ–
अब मैं
टूटने लगा हूँ।

www.ingramcontent.com/pod-product-compliance
Lightning Source LLC
LaVergne TN
LVHW050814051026
849532LV00008B/2988
* 9 7 8 9 3 7 5 2 7 9 9 1 4 *